AF509289

BALET
DES
PRINCES
INDIENS

DANSE A
L'ARRIVEE
DE SON A. R.

A BRVXELLES,
Chez François Vivien, au bon Pasteur,
derrier l Hostel de la Ville, 1634.

A SON
ALTESSE
ROYALE
ONSEIGNEVR,

M Apres tant de cris de joye et d'aclamations d'allegreſſe dont la voix publique a celebre l'heureuſe arriuée de V. A. R. en ces Pays, tous les Principaux Caualiers ont voulu joindre au premier homage de ſeruitude dont ils ſe ſont deſia acquittez enuers elle, cete particuliere action de rejouiſſance pour luy faire voir qu'*ils* ne

A 2

font

font animez, que du feul defir de luy plaire. Cét vne partie de Balet qu'ils ont concertée a la hate & executée de mefme, ne pouuint moderer la paffion qui les tranfporte pour le contentement de V. A. R. aufsi bien que pour fon feruice. Ils ne vous offient point de couronnes, par ce qu'ils fcauent bien que la Nature vous à donné fes plus riches, la Vertu fes plus belles, & que la Renommée mefme qui diftribue aux hommes tout l'honeur ou ils afpirent, eft aujourdhuy contrainte de demeurer a vos pieds, ou de chercher vn autre monde pour le remplir du bruit de voftre Nom fi glorieux, & fi triumphant. En effect Monfeigneur quand on confidere que voftre Valeur & voftre Prudence vous ont fait vn chemin tout de Palmes & tout de Lauriers, pour conduire par la main V. A. R. fur le trofne de fes Anceftres, on peut doubter auec raifon fi la grandeur de fa Naiffance egalle la grandeur de fon merite. De forte qu'on a beau parer les Rues & les places des Villes de Statues & d'arcs de Triomphe pour reprefenter vos victoires: Cét vn deffain dout le zefle excufe l'audace & ou lart mefme fe

trouuant

trouuant voincu , fait voir dans ſes deffautz
que V. A. R. a des perfections qui ne ſe peu-
vent exprimer & beaucoup moins encore
depeindre. Et ce ſont ces veritez Monſeigneur qui ont obligé tous ces grands Cauali-
d'honnorer de nouueau V. A. R. par des ſig-
nes muetz de rejouiſſance , voyant que les
paroles effectz leur manquent toute a la fois,
pour s'en acquitter plus dignement d'vne
autre ſorte. De moy ie ſuis extremement aize
d'auoir rencontré vne ſi belle occaſion en
metant la main a la plume de publier par
tout que ie ſuis.

Monſeigneur

De V. A. R.

Treshumble & treſobeiſſant Seruiteur
I. DE LA SERRE.

LES BRVITS ENFANS
DE LA RENOMEE
A Son A. R.

STANCES

PRince de tout point accomply
Soit pour la paix soit pour la Guerre
Le bruit de voſtre Nom ayant deſia remply
Tous les coings de la terre
Nous qui faiſons vn tour plus grand que le Soleil
N'auons dans l'vniuers rien treuué de pareil.

Ses Lauriers naiſſent ſoubz vos pas
La Victoire eſt de voſtre ſuite
Nul de vos ennemis n'eſchape du treſpas
Si ce n'et par la fuite
Nous qui faiſons vn tour plus grand que le Soleil
N'auons dans l'vniuers rien trouue de pareil.

Plus Prophetes que Muſiciens
Nous prometons ſoubz vn tel Prince
De la part du Deſtin l'abondance des biens
A toute la Prouince
Confeßant hautement que deſſoubs le Soleil
On ne ſcauroit jamais, rien trouuer de pareil.

SVIET DV BALET

PREMIERE ENTREE

MONSIEVR le Comte de Moucron fait la premiere entrée soubz l'habit de la Renomée laquelle au Bruit des Victoires & des Thiomphes de S. A. R. & des perfections des Dames de sa Court, vient rendre hommage & à l'vn & aux autres soutenant que les Echos des solitudes les plus escartées ne parlent jamais d'autre langage que celuy de leurs louanges.

SE

SECONDE ENTREE
DE LA
MVSIQVE.

ELle paroit veſtue d'vne Robe plicée en
tuyaus d'orgue, & toute couuerte de
Notes de Muſique portant pendus a ſa
Seinture ſix diuers Inſtrumens, & danſant au
ſon d'vne epinete d'Alemaigne quelle tient
ſoubz le bras & qui ſonne toute ſeule.

TROISIESME ENTREE
DES
SIX TONS

CEs ſix Enſans de la Muſique veſtus de
meſme en hommes, pareſſent en ſuite &
abordant leur Mere prenent chacun vn
de ſes Inſtrumens quelle porte, & en jouent
tous enſemble chantant ces vers a la louan-
ge des Dames.

PRE-

PREMIER RECIT.

O Bjectz qui eſtez ſans pereils
Beautez ou toute grace abonde
Vous faictes dãs ce Balvoir des plus beaux Soleils
Que n'et celuy du monde
Nous qui ſommes les Sons
Venons le publier icy par nos Chanſons.

Les Mirthes n'aiſſent ſoubz vos pas
Et les courages les plus braues
Ne ſcauroient ſuporter l'effort de vos apas
Sans deuenir eſclaues
Nous qui ſommes les Sons
Venons le publier icy dans nos Chanſons.

Beaux yeux nos vniques Vainqueurs
Dont les regardz font des Merueilles
Que nous ſerõs heureux ſi nous touchõs vos Cœurs
En frapant vos oreilles
Nous qui ſommes les Sons
Venons le publier icy par nos Chanſons.

B

Mes

Mes Dames prenez garde que ces Sirenes deguifées ne charment voftre Prudence en rauiffant voftre liberté : Car quoy que ces Tons foient differens , ils s'accordent toufiours enfemble pour vous faire la guerre. Et il me femble qu'il eft mal aizé de leur refifter, puis que vos oreiles defia captiues , font du complet d'enchefner vos Cœurs.

LE MONT DE PIETE.

PREMIERE ENTREE

DANCEE

PAR MESSIEVRS.

Le Conte de Boffu   *Gentilhommes*
Le Conte de Moucron
Le Conte d'Oftrat   *Ualetz de Chambre.*
Et le S.r de Gordon.

SE-

SECONDE ENTREE
DANCEE
PAR MESSIEVRS.

Le Conte de Baſsigny	*Peintre*
Le Baron de Vangles	*Mathelot*
Le Conte de Foucamberge	*Clerc*
Et le Duc Dolano	*Arracheur de denz.*

TROISIESME ENTREE
DANCEE
PAR MESSIEVRS,

Le Conte de Beaumont	*Damoiſelles*
Marquis de la Vieuille	
Le Prince de Ligny	*Chaperonnes.*
Le Prince de Cimé	
Et Marquis de Veſtrelo	*Hollandoiſe.*

                AVX

Ne nous faites point cet affront
Apres ce penible voyage
De ne nous Bailler pas sur gaige
Tout ce qui est dans vostre mont
Vous auez trop de jugement
Pour ne voir pas a nos visages   (rages
Que nous sommes tous faits en payeurs d'arre-
Qui vous fairons bon payement.

Mes Dames si vous faisiez vn nouueau
Mont de voz bonnes graces ; Il est croyable
que tous les Princes de la terre y porteroient
leur Cœurs en gaige; Que si quelqu'vn le re-
tiroit aprez auoir payé l'hinterest des soupirs
& des soings qui sont affectez a l'honneur de
vous seruir, vous en seriez a la fin plus riches,
car cet gaigner beaucoup de perdre vn infi-
dele

LES

LES AMANS VOLAGES

PREMIER ENTREE

DANCEE

SOVBS DES HABIST

TOVS COVVERTS DE MIROIRS.

PAR MESSIEVRS.

L*E Conte de Boſſu*
Le Conte de Moucron
Conte d'Oſtrat
Baron de Vangle
Et le Sr. de Gordon.

AVX DAMES.

Doux ſujetz de nos deſeſpoirs
Beaux yeux infidelles miroirs
Nous portons des glaces ſi netes
Que leurs raportz ſont aſſurez
Regardez y ce que vous eſtez
Pour craindre ce que vous ſerez

SE-

SECONDE ENTREE

DANCEE

SOVBS DES HABITS

DE PLVME.

PAR MESSIEVRS.

L*E Duc Dolano*
Le Conte de Baßigny
Le Prince de Cimé
Marquis de la Vieuille
Et ſon Gentilhomme.

AVX DAMES.

Objesz ſans nombre & ſans pareils
Beautez de qui l'eſclat nous bleſſe & nous alume
Ce n'et pas pour voler aupres de vos Soleils
Que nous portons vn corps de plume
Scachez que nous ne l'auons pris
Que pour imiter vos eſprits.

TROI

TROISIESME ENTREE
DANCEE

SOVBS DES HABIST
DE TAFETAS
DE LACHINE COVVERTS
DE GIROVETES ET COIFFEZ
D'VN MOVLIN A VENT.

PAR MESSIEVRS.

Le Marquis de Veſtrelo.
Conte de Megue.
Conte de Beaumont.
Et le Gentilhomme de Monſieur le Vi-
conte de Gan.

AVX DAMES.

Soleils qui ſemblables au foudre
Reduiſez tous les cœurs en poudre
Et puis les r'animez d'vn apas deceuant
Vrayment vos graces ſont parfaites
Mais toutes vos faueurs ne ſont que Girouetes
Et vos promeſſes rien que vent.

Mes

Mes Dames ne vous eſtonnez pas ſi ces amans ſont veſtus de Plume, puis que cet la liurée de voſtre humeur, & moins encore de Glace, puis que vous en auez le Cœur comme ils en portent l'habit. Pour les moulins a vent dont ils parent leurs teſtes, ils portent la peinne de ieur legereté : car ces Moulins, ne ſe m'euuent qu'au vent de leurs ſoupirs & de leur plaintes. Toutesfois je veux croire qu'a force de Prudence ils cachent la perfeсtion de leur fidelité, ſoubz le deffaut apaſant de leur changement. Et qu'ils ne portent des Miroirs que pour éblouir de leur eſclat les yeux jaloux de leurs bonnes fortunes. Les Girouetes & les Moulins a vent dõt ils ſont couuertz, ſont encore autant de faux temoings, touchaat le meſpris de l'amour, comme n'eſtant capables de paſsion que pour mourir dans la ſeruitude qu'ils vous ont vouée.

ENTREE
D'VN MOVSCOVITE
ET SECOND RECIT

AVX DAMES.

MOy qui n'aquis en mesme place
Ou le Soleil n'ait chasque jour
A trauers la flame & la glace
Ie viens de faire vn mesme tour
Affin de scauoir en quels lieux
Est l'vnique objet de mes yeux.

I'ay veu les Eaux ou l'or Eclate
Et le climat ou croit l'encens
I'ay veu les jardins de l'Eufrate
Et le feu secret des Persans
Mais ie n'ay point veu dans ces lieux.
L'obiect vnique de mes yeux.

Enfin apres de longues traces
Ie voy le but de mon desir
Icy Mars joue auec les graces
Tous y sont comblez de plaisir
De sorte que dedans ces lieux
Est l'vnique objet de mes yeux.

C

L A

LA BLANQVE OV SOVBS
DES HABITS
DE DIFFERENTES NATIONS

DANSENT MESSIEVRS.

Le Conte de Boſſu	*Turc.*
Conte de Moucron	*More.*
Conte de Baſsigny	*Scite.*
Conte de Megue	*Topinanbour.*
Duc d'Olano	*More.*
Le S.ʳ de Gordon	*Sauuage.*
Et le Baron de Vangles	*Topinanbour.*

AVX DAMES.

Ce jeu trompeur a des delices
Parce qu'on voit Dans les malices
Le ſort de voſtre amour & de noſtre entretien
Auec vne eſperance vaine
On perd ſon argent & ſa peine
Et quand on penſe prendre, on ne rencontre rien.

Mes

Mes Dames si vous faisiez vne Blanque ou vos faueurs seruissent de Prix, ie veus croire que la fortune auroit beaucoup plus d'esclaues que l'amour : car tout le monde quitteroit cet aueugle pour suiure cete infidelle. Toutes-fois vous fairies plus de malheureux que d'amans , parce qu'estant fort austeres de vos faueurs vous les exposeriez en veue, pour en donner le desir seulement, mais non pas la jouissance. De sorte que ce seroit vne blanque continuelle, ou l'on perdroit tousiours & son temps & sa peine, sans autre consolation que celle qui seroit inseparable de l'honneur de vous seruir. Ce qui peut obliger encore toutesfois les plus genereux a tenter les perils qui sont affectez a vne telle conqueste ; quoy que le hasard en promete les couronnes , plutost que vostre humeur.

C 2   EN-

ENTREE
ET CONCERT
DE QVATRE PAGES
VESTVS DE TOILE
D'ARGENT
IOVANT DV L'HVT.

LES MODES

PREMIERE ENTREE

DANCEE

PAR MESSIEVRS.

LE Prince de Ligny
Conte de Foucambergue
Conte de Oſtrat
Duc d'Olano
Marquis de la Vieuille
Et Baron de Vangles

Paiſans a la
(vielle mode.

Bergers a la nou-
(uelle mode.

SECONDE ENTREE

DANCEE

PAR MESSIEVRS.

L E Conte de Bafsigny
Et le Conte de Megue   *Foulx.*

TROISIESME ENTREE

DANCEE

PAR MESSIEVRS.

Le Conte de Boſſu (*Damoiſelle a la vielle mode.*
Le Côte de Moucrō (*Damoiſelle a la nouuelle mode*
Marquis de Veſtrelo   *Huque a la veille mode*
Et le Gentilhomme de Monſieur le Viconte
  de Gan.   *Huque a la nouuelle mode*
Prince de Cimé   *Paiſanes a la vielle mode*
Le Conte de Beaumont   *A la nouuelle mode.*

AVX DAMES.

Si quelq'vne ayme le prefent
Ou quelque autre auffy pour le paffe foupire
Nous vous pouuons faire vn prefent
De ce quel vn & l'autre en fon ame defire
Car nous portons icy dans vn corps non laffè
La vertu du prefent & celle du paffé.

Mes Dames vous voyez comme la Mode Fille du temps, s'enfuit toufiours & demue-re fans ceffe. Mais elle a beau fe deguifer c'et toufiours elle mefme. Aufsi vous auez beau hãger d'habit & de vifage: on ne fcauroit jamais vous mes cognoitre fi peu de foin qu'on prene a vous eftudier. Le confeil que je vous donne pourtant; c'et de viure a la mode de voftre humeur, plutoft qu'a celle du temps car quoy que l'vn & l'autre changent continuellement, vous ferez augmoins conftantes a fuiure vos plaifirs, qui font les vrays elemens de la vie.

IN-

INTERMEDE DV

IVGEMENT

DE

PARIS

ET

DES

MACHINES.

VN Ciel aparant se fait voir apres que les nuages qui le couurent se sont peu a peu dissipez & le Ciel s'entrouurant, on voit encore decendre lentement vn grād globe estoilé, d'ou sortent les trois Deesses accompagnées de Mercure.

EN-

ENTREE DES TROIS
DEESSES
ET DE
MERCVRE

DANCEE PAR MESSIEVRS.

L E Conte de Faucambergue   *Iunon*
Le Duc d'Olano.   *Minerue*
Le Marquis de la Vieuille   *Venus*
Et le Conte de Megue.   *Mercure*

ENTREE DE LA
DEESSE
DISCORDE
DANCEE

Par vn des Gentilhommes de Monſieur
le Marquis de la Vieuille.

Cete Deeſſe couuerte d'vne robe parſemée de flammes portant vn flambeau a la main jete en danſant au milieu des Deeſſes vne Pomme d'or, ou il y a eſcrit deſſus. *Cet pour la plus belle*, & a meſme temps diſparoit. Les Deeſſes prenēt cete Pomme & la regardēt en danſant touſiours, & a l'inſtant vne grande Machine joue qui fait voir auec autant d'admiration, que d'eſtonnement, vn Bois & vn Rocher ſur lequel le Sr. de Gordon veſtu en Berger, qui repreſente Paris, eſt aſsis jouant de la Muſete en gardant ſes tropeaux.

Il eſt choiſy pour juge du conſentement des Deſſees, & apres les auoir conſiderées en danſant enſemble, preſſé d'vn ſentiment particulier de raiſon & de juſtice, il donne la Pōme a Madame la Princeſſe de Faltzbourg non ſeulement comme a la plus belle, mais encore comme a vne des plus verteuſes & de plus parfaites de ſon ſexe.

D   A EL-

A ELLE MESME

SIXAIN.

On ne pouuoit plus a propos
Pour empefcher le Ciel de fe brouiller de guerre
Metant ces Deitez toutes trois en repos
Que de chercher deffus la terre
Cete rare Beauté qui merite le pris
Difputé par Iunon, par Pallas, & Cipris.

Mes Dames ie vous croy trop raifona-
bles pour enuier l'honneur de cefte con-
quefte a vne telle Princeffe, dont le merite
furpaffe de beaucoup la condition , quoy
qu'elle foit vne de plus grandes de la terre.
Tout le monde fcait qu'elle a des qualités
qui la rendent mefme fans pareille parmy
fes femblables. Ce qui vous doibt feruir de
fujet de confolation, puis que la voix publique luy donne juftement toutes les louanges
que la Flaterie pourroit inuenter pour vne
autre.

EN-

ENTREE

D'ORPHEE

TROISIESME RECIT

AVX DAMES.

Ie suis celuy dont les chansons
Ont jadis tant fait de merueilles
Que les plus durs Rochers pour entĕdre mes sons
Se sont faitz tous oreilles
Mais ayant apris que vos yeux
Auoient bien de plus puissans charmes
Ie me suis resolu de venir en ces lieux
Pour vous rendre les armes.

Ie suis allé dans les Enfers
Ranimer Euridice morte
Une seule chanson m'en a rompu les fers
Et ma ouuert la porte
Mais ayant apris que vos yeux
Auoient bien de plus puissans charmes
Ie me suis resolu de venir en ces lieux
Pour vous rendre les armes.

Iay veu les plantes & les Bois
Sans faire aucune resistence
Entendant les accens qui sortent de ma voix
Danser a la Cadence.
Mais ayant apris que vos yeux
Auoient bien de plus puißans charmes
Ie me suis resolu de venir en ces lieux
Pour vous rendre les armes.

Que nous sommes heureux, mes Dames, d'auoir peu obliger Orphée de vous faire ouir ses chansons : car comme sa voix sçait lart d'amolir les rochers, nous esperons que vos cœurs de roche deuiendront pitoyables; que si voftre humeur trop auftere trahit nos esperances. Ce nous eft roufiours quelque forte de consolation d'attandre vn bien de cete importance, quoy qu'a la fin il n'arriue pas.

LE GRAND
BALET
DE
PARADE
DANCE
PAR LES MESMES
SEIGNEVRS.

LES PRINCES INDIENS
NEPVEVX DV SOLEIL.

AVX DAMES.

ISSVS de ces superbes Roys
Qui ont eu le Soleil pour Pere
Et de qui les prudentes loix
Gouuernent tout nostre hemisphere
Nous venons icy dans ces lieux
Pour recognoitre dans vos yeux
Les vrays parens de nostre Ancestre
Ou pour mieux dire ses pareils
Car ayant tous eu vn mesme estre
Ils portent comme luy le beau nom de Soleils.

Mes

Mes Dames ces Princes Indiens tous ne-
pueux du Soleil renoncent a l'aliance de c'et
Aſtre, de puis l'heureux moment qu'il ont
admiré vos beaux yeux. Ils preferēt la qualité
de vos eſclaues a celle de parens de ce grãd
Dieu & ayment mieux vous obeir que com-
mander a toute la terre. D'ou vient qu'il ont
deſia oublié juſques au lieu de leur naiſ-
ſance, & ne ſe ſouuienent plus que du veu
qu'il ont fait de viure & de mourir vos tres-
humbles treſobeiſſans & tres fidelles Serui-
teurs & Sujets.